印度カリー子

ひとりぶんの
レンチン
スパイスカレー

山と溪谷社

はじめに

───ラクすぎておいしすぎる。

レンチンカレーの魅力をひと言で表現するとこうなります。

しかもレンチンカレーは材料を混ぜてチンするだけ!!
こげつく心配もないので失敗知らず。
スパイス初心者や料理が苦手な人も大歓迎です。

水を一滴も使わないので素材の味がギュッと凝縮されておいしい。
そして、香りづけのために使う少量のバターやごま油をのぞいて
必要以上の油を使わずに作れるから、ヘルシーなうえに洗い物も楽ちん。

至上最強の手抜きカレーです。

ふだんお料理が大好きであっても、
何にもやりたくないときだってあるものです(人間だもの)。

そんなとき、
手軽に楽勝に超絶おいしいカレーが作れるなんて最高ではないでしょうか。

耐熱容器を複数持っていれば、
レンチンしながら次のカレーを準備できるため
多種のスパイスカレーだって短時間で作れるし、
ご飯にかけるカレーとしてだけじゃない、
食卓の"もう一品"としても楽しむことができます。

疲れているとき、やる気がないとき、グレイビーがないとき、

でもおいしいスパイスカレーが食べたいとき!!!!!

レンチンカレーの出番です。

CONTENTS

Part
1
レンチンスパイスカレーの
きほん

・・・・・ 6

part
2
本格
レンチンスパイスカレー

・・・・・ 28

part 3
時短
レンチンスパイスカレー

····· 56

part 4
新感覚
レンチンスパイスカレー

····· 78

レンチン スパイスカレーの きほん

Part **1**

簡単お手軽なイメージの「レンチン調理」と複数のスパイスを巧みに使いこなす上級者向きなイメージの「スパイスカレー」。そんな異なるふたつが合体してしまいました。スパイスカレーを愛する人ほど、「まさか、そんな……」「本当においしいの？」と思ってしまうかもしれません。そうした「？？？」を解消するため、レンチンスパイスカレーを知ってもらうため、その成り立ちと作り方のきほんを紹介します。スパイスカレーは、こんなに簡単に楽しめるんです。

レンチンスパイスカレーの
仕組み

仕組み、というほど難しいことはいっさいありません。
材料をあわせてレンジでチン。大まかにいえば手順はたったこれだけです。
ここからのページでレンチンカレーのきほんを理解すれば、
自分だけのオリジナルカレーだって、あっという間に作れます。

 STEP **1** 材料を
切って入れる

 STEP **2** 600Wで3〜5分
レンジでチン！

 STEP **3** よく混ぜあわせる

ほんとにかんたん！

きほんのチキンカレーの例

きほんのスパイスは、パウダースパイス「タクコ」の3種類。レシピに応じてホールスパイスを加えてもおいしい。(→p.10-13)

レンチン調理対応の耐熱容器を使います。ふた付きガラス製がおすすめ。(→p.14)

味のベースは塩。さらに本書のレシピではしょうゆや味噌etc.も味つけに使います。(→p.21)

たまねぎは、市販のフライドオニオンを使用。あめ色たまねぎのようなコクが出ます。(→p.17)

トマトは旨味の野菜として。ほかにもいろいろな野菜を具として使います。(→p.16-19)

メインの具は肉でも魚でも、なんでもおいしい！ 缶詰など加工品を使えばもっと手軽です。(→p.18-19)

マストの香味野菜、にんにくとしょうがは、すりおろして使います。(→p.16)

最後にヨーグルトを加えます。風味の食材「ベース」はほかにクリームチーズやココナッツミルクパウダーなどがあります。(→p.20)

レンチンカレーの要
タクコMIXを作る

スパイスカレーに欠かせないスパイスは、
あらかじめミックスしておいたものを使います。
ターメリック、**ク**ミン、**コ**リアンダーで作るタクコMIXです。

辛くない！

タクコを同量 1:1:1 で混ぜあわせる
きほんのタクコMIX

すべてのカレーに使うきほんのMIX。スパイスカレーの定番である3種類のパウダースパイスを同量ずつ混ぜて作ります。容器に入れてフリフリすれば一瞬で完成。辛味のスパイスは入っていないので誰にでもおすすめのMIXです。大さじ1ずつあわせれば、ひとりぶんのスパイスカレー9回分ができあがります。

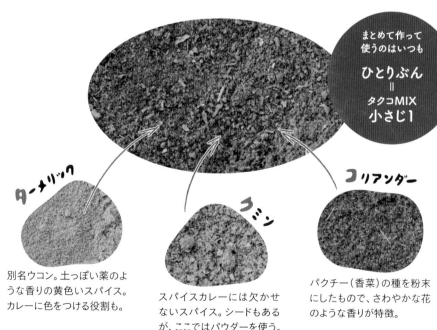

まとめて作って
使うのはいつも

ひとりぶん
＝
タクコMIX
小さじ1

ターメリック

別名ウコン。土っぽい薬のような香りの黄色いスパイス。カレーに色をつける役割も。

クミン

スパイスカレーには欠かせないスパイス。シードもあるが、ここではパウダーを使う。

コリアンダー

パクチー（香菜）の種を粉末にしたもので、さわやかな花のような香りが特徴。

作りおきして保存する

作りやすい好みの分量でミックスしたタクコMIXは、香りがとばない
ようにふたのしっかり閉まる密閉容器に入れて、冷暗所で保存します。
なるべく香りがとばないうちに使いきるようにしましょう。

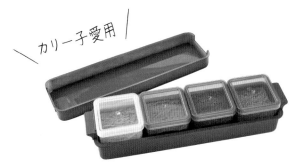

カリー子愛用

タクコMIX最適BOX
4つの密閉容器をひとつにしま
えるタクコ専用ボックス。グレー
の3個にタ・ク・コをそれぞれ入
れて、白い1個にタクコMIXを入
れて使う。便利!

保存ケースや
ジッパー付き袋でもOK
密閉できる容器なら、どんな
容器でも保存できる。におい
うつりがしにくいのはガラス
製。小さめのジッパー付き袋
はコンパクトで使いやすい。

カリー子の「タクコMIX」もあるよ！

ターメリック、クミン、コリアンダー
の3つのスパイスが一度にそろう
オリジナルセット。同量ずつ入っ
ているので、封を開けて混ぜるだ
けでタクコミックスが完成する。ど
れかひとつが余ってしまうことが
なく便利。各12g入り（12人分）。
オンライン限定販売。

割合を変えて アレンジMIX

ミックスするスパイスの割合を変えると、好きな香りを際立たせることができます。
辛口カレーを作りたいときは、チリパウダーを加えます。きほんMIXと仕上がり
量が変わりますが、調理の際はひとりぶんに小さじ1を使うのは共通です。

タ = ターメリック　ク = クミン　コ = コリアンダー　チ = チリパウダー

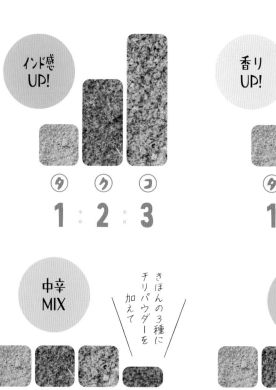

インド感 UP!

タ : ク : コ
1 : 2 : 3

香り UP!

クミンを増やすと
力強いカレーに

タ : ク : コ
1 : 2 : 1

中辛 MIX

きほんの3種に
チリパウダーを
加えて

タ : ク : コ : チ
1 : 1 : 1 : 0.5

辛口 MIX

タ : ク : コ : チ
1 : 1 : 1 : 1

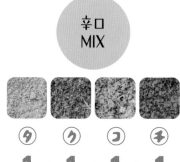

タクコMIXにプラスする ホールスパイス

レンチンカレーにはホールスパイスを加えることもできます。ひとりぶんのレンチンカレーに向くホールスパイスと分量は以下のとおり。ほかの材料やスパイスと同じタイミングで容器に加えて使います。香りを引き出したあと、食べるタイミングで取り出してOK。

カルダモン
1〜2粒

すっきりさわやかで、華やかな香り。肉にも魚にもあう。

クローブ
1〜2粒

甘くて深い独特の香りで、形も個性的。肉のカレーによくあう。

シナモン（カシア）
2〜5cm

一般的なシナモン（肉桂）とは違う品種（支那肉桂）。強い香りが特徴。

カスリメティ
ひとつまみ

フェヌグリークの葉を乾燥させたもの。ザ・スパイスカレーな香り。

スターアニス
2かけ〜1個（8かけ）

別名八角。中華や台湾料理でおなじみの独特の強い香りがある。

向かないホールスパイスもある

スパイスカレーによく使われる、クミンシードやマスタードシードは油でしっかり加熱してから使用しないと、苦かったりすっぱかったりするスパイスです。レンチンスパイスカレーは油をほとんど使わず、ホールスパイスだけを加熱する工程がないため、これらのスパイスは向いていません。

コンロも鍋も使わない!?
レンチンカレーに使う道具

特別な道具は必要ありませんが、
必ず用意してほしいのがレンジ調理が可能な容器です。
高温になるため耐熱ガラス製が適しています。
600㎖以上で、ある程度の深さがあるものを選びます。

pyrexベジタブルスチームポット

ひとりぶんにぴったりのサイズ（700㎖）と機能性がレンチンカレー調理に最適。ふた付きなのもgood！　ひとつあると便利。

カリー子愛用★

ラップをかけて

耐熱ガラスボウル

ふたのないボウルを使う場合は、ふんわりラップをかけて加熱する。ガラスボウルには耐熱性がないものもあるので、必ず確認を。

樹脂製タッパーはNG!

レンジOKのタッパーでも食用油や食材の油が一か所に集中していたりすると、そこだけが高温になって変形のおそれがあります。タッパーのレンジOKは調理ではなくあたためを前提としているものが多く、レンチンカレーにタッパーは使わないほうが安全です。

Part 1　レンチンスパイスカレーのきほん

ベジタブルスチームポットが
レンチンカレーに最適!の理由

① 耐熱性が高くレンジ調理に向いている

レンジもオーブンもOKの耐熱性で、変形の心配なくレンチン調理をすることができる。同素材のふたがあるのもレンチン向きポイント。

② ひとりぶんカレーにサイズと形が最適!

サイズはもちろん、底が広い形がレンチン向き。食材を平らに並べやすいので加熱むらが出にくい。

③ 色うつり・臭いうつりせず、洗いやすい

スパイスカレーは器ににおいや色がうつりやすいもの。ガラス製ならその心配もない。油がスルッと落ちる洗いやすさもうれしい。

④ 透明なので、調理の様子が見えて楽しい

レンジの中をのぞいていると、ぶくぶくと沸騰して食材が変化していくの見える。そんな様子を見るのも料理の楽しみのひとつ。

⑤ そのまま食卓に出せるデザインが◎

調理をした鍋のまま食べるのは「……」だけど、これなら食卓に出してもいい雰囲気。洗いものも減らせるので時短に最適。

そのほかに使う道具

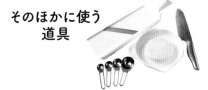

耐熱容器以外に使う道具は、ごくごく普通のものばかり。1/2や1/4が計れる計量スプーン、スライサーはあると便利な調理器具。にんにく、しょうがのすりおろしには小さめのおろし金が使いやすい。

レンチン調理の注意点

レンチンスパイスカレーに欠かせない道具といえば、電子レンジ。単機能、オーブン機能付き、回るか回らないかなどのタイプがあり、それぞれ個性もあったりします。レシピ中には600Wで何分と表記しましたが、レンジによって仕上がりに違いがあるので「うちのレンジ」にあわせて加熱時間を調節して!

食材の温度によっても加熱具合が変わるので、レシピに「冷凍のまま」の表記がないもの以外（特に生の肉や魚）は、解凍してから使う。えびはレンジ加熱すると破裂するので、背わたを取りつつ、必ず切れ目を入れてください。

定番から変わり種まで
レンチンカレーに入れるもの

レンチン調理だからといって使う食材に制限はありません。
さらにこの本のレシピには、レンチン調理でより手軽に、本格的においしい
スパイスカレーをつくるためのアイデアが盛り込まれています。

うまみを作る　香味野菜

スパイスに次いでひとりぶんのスパイスカレーに欠かせないのが、
これらの香味野菜です。すべてのレシピに4種を使うわけではあ
りませんが、カレーを食べたい！と思ったときに即レンチンできる
ように、そろえておきたいアイテムです。

しょうが
小さじ1

ひとりぶんに使うのは、すりおろ
して小さじ1。チューブでも使え
るが、生の風味にはかなわない。

にんにく
小さじ1

こちらもすりおろして小さじ1でチ
ューブも可。しょうがもにんにくも
好みにあわせて増減してもいい。

トマト
1/4〜1個

小さめのざく切りにして、レシピによ
って1/4〜1個を使用。1個は200g
が目安。加熱後、つぶしてよく混ぜあ
わせるのがおいしさのポイント。

たまねぎ
大さじ1

時間をかけてあめ色に炒めたたまねぎはスパイスカレーの旨味の要。レンチンカレーではフライドオニオンを使うことで炒める手間なしで、同様の旨味と香ばしさを出す。市販品が数々あるが、どれでも手に入れやすいものでOK。ひとりぶん大さじ1を使う。

市販品OK！

POINT!
たまねぎは
フライドオニオンを
使います

こだわり派さんへ。レンチンで作るフライドオニオン

① ごく薄くスライス

超薄切りがポイント。たまねぎ1個（200gが目安）に6等分の切り込みを入れて、繊維に垂直方向にスライサーで厚さ1mm以下に薄切りにする。

水分を飛ばすことが大切！

② 薄く広げてチン！混ぜる！

クッキングシートを敷いた平皿にたまねぎを広げて、600Wで2分加熱。底から箸で持ち上げてゆすりながら水分を飛ばす。冷めるまで1〜2分混ぜる。

×5
5回繰り返す

③ 油をまぶしてチン！混ぜる！

しんなりしてうっすら色づいたら、箸で混ぜて冷ましてから、サラダ油大さじ1を全体になじませ、再び平らに広げて2分ずつ加熱＋かき混ぜる。

×3
3回繰り返す

④ 中央に集めてチン！混ぜる！

薄いきつね色に変わり、ところどころに濃い焦げ色が見えてきたら、かき混ぜ後、皿の中央にたまねぎを丸く集めて、茶色になるまで10〜20秒ずつ加熱＋かき混ぜる。

完成まで繰り返す

仕上がり30〜40g

色の変化を見てみよう ➡

なんでもあうよ **メイン食材**

カレーの具といえば肉ばかりになりがちだけど、魚介や野菜も主役になる。この本では、レンチン調理の手軽さを生かして、加工品を主役にしたカレーも多数登場。さらに「これをカレーに？」という具材も、たくさん使います。

新鮮食材

スパイスカレーの具はシンプル。好きな1種類を用意するだけで、おいしいカレーが完成します。

ゴロゴロ肉

ごろっと大きめの肉が入っているとうれしい。鶏、豚、牛、羊、どれも魅力的。レンチン調理では、ふだんのカレーより気持ち小さめに切ったほうが、火がとおりやすく安心。

ひき肉

キーマカレーに欠かせないひき肉は、火がとおりやすくてレンチン向き。加熱前によくほぐしておくと、加熱むらが出にくい。

魚介

スパイスカレーには魚やえびもよくあう。クセの少ない白身魚が使いやすい。えびなどは食材に塩けがある場合があるので、塩かげんに注意する。

野菜やきのこ

味や香り、旨味の強い野菜はスパイスカレーの主役にもなる。しいたけやにらの強い個性もスパイスがうまくまとめてくれる。キャベツなどのあっさり野菜もカレーによくあう。

加工食品

缶詰や冷凍食品など加工品を使えば、超簡単で時短にもなります。包丁いらずで作れるカレーも！ ベーコンなどの加工肉も便利。

ゆで豆

スパイスカレーによく使われる豆は、ドライパックや水煮缶を使えばお手軽。大豆やミックスビーンズがおすすめ。

缶詰め

ツナ缶、サバ缶はスパイスカレーにあう缶詰めの代表格。下ごしらえなしでパッと使えて、加熱不足の心配もない。レンチンカレー の強い味方。

冷凍食品

から揚げやシーフードミックスなど。凍ったまま、ほかの材料とあわせて加熱して使う。商品により塩けが異なるので、塩かげんに注意。

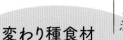

カリー子流！

変わり種食材

ふだんのおかずを作る感覚で、カレーにはあまり使わない具材も使います。レンチンカレーのバリエーションが増えて、毎日食べても飽きない！

練りもの・大豆製品

練りものや、豆腐、厚揚げなど大豆製品はおかず感覚のカレーに最適。イチオシの具は「魚河岸揚げ（写真）」。魚河岸揚げカレーはp.72へ。

変わり野菜

カレーの野菜はたまねぎだけじゃない。常備していることも多い長ねぎもあうし、ごぼうを主役にしたカレーもある。

果物

パイナップルもカレーに入れて南国の味に。どんな食材でも、スパイスがおいしくまとめてくれる。

組み合わせは無限大 風味を作る食材

スパイス、具材とあわせて、カレーの風味を決定づける食材。レンチン調理で使いやすく、使い切りや保存がしやすい食材を選びました。味つけに塩以外のものを使ったレシピも豊富です。

ベース

カレーにコクやマイルドさ、酸味などを加える、おいしさの要のひとつがベース。きほんの3種類のほか、この本のベースは、バリエーション豊か。仕上がりも多彩です。

クリームチーズ

ミルキーなコクを加える。使い切りにくい生クリームの代用として使用。この本で使っているのは個包装の「kiri」1個18gのもの。

ヨーグルト

カレーに酸味ととろみをつける。熱で分離しやすいヨーグルトだけはレンチン後に加える。クリーミーなタイプだと濃厚な仕上がりになる。

ココナッツミルクパウダー

甘い香りでやさしい味に。ココナッツミルクもパウダーなら保存がきくので便利。パウダーのままほかの材料とあわせて使う。

★ ───── レンチンで楽しいバリエーション ───── ★

ベースver.

きほん以外のベースを一部紹介。赤ワイン／酸味と深みが出る。牛乳／あっさりとしたコクが出る。マヨネーズ／マイルドなコクが出る。ヨーグルトの代わりに使っても。ごま油／中華風の風味に。レモン果汁／さわやかで強い酸味が新鮮。

味つけ
（塩味）

スパイスカレーのきほんの味つけには塩を使いますが、この本ではその他の調味料や、塩味のある食材なども味つけに（ときには具としても）使います。

塩

スパイスカレーの味つけのきほん中のきほん。家でふだん使っているものでOK。ものにより塩味の強さが違うので、一度作ってみて分量の確認を。

★ ── レンチンで楽しいバリエーション ── ★

味つけ ver.

キムチ

塩味と酸味が加わり、白菜が具材にもなる便利食材。発酵食品とスパイスは相性よし。

明太子

カレーにあうの？と思うかもしれないが意外とあう。ご飯が進むカレーになる。おためしあれ。

梅干し

強めの酸味と塩味が加わり、さっぱりとした仕上がりに。和のイメージが強いがスパイスにもあう。

しょうゆ

塩と同様、いつも家にあるしょっぱい系調味料。塩味だけでなく、旨味や甘味などもあり、奥深い味に。

ナンプラー

タイ料理などに使われる魚醤。塩味のほか、魚のだしがきいているので独特の旨味が出る。

味噌

おなじみザ・日本の調味料。同じ大豆から作るしょうゆとはまた違った旨味や甘味が加わり、コクも出る。

作ってみよう
きほんのチキンカレー
START!

◎必須のスパイス
タクコMIX（p.10）‥‥‥‥‥‥ 小さじ1

◎メインの具
鶏もも肉 ‥‥‥‥‥‥‥‥‥‥ 150g

◎香味野菜
トマト（ざく切り）‥ 1/2個分（100g）
にんにく（すりおろし）‥‥‥‥ 小さじ1
しょうが（すりおろし）‥‥‥‥ 小さじ1
フライドオニオン ‥‥‥ 大さじ1（6g）

◎塩味と風味
塩 ‥‥‥‥‥‥‥‥‥‥‥‥ 小さじ1/2
ヨーグルト ‥‥‥‥‥‥‥‥ 大さじ1

目指すのは
このカレー

レンチンスパイスカレーのきほん

【 材料を耐熱容器に入れる 】

下ごしらえが必要な材料は、鶏肉、トマト、にんにくとしょうが。
準備ができたら、レンチン用の耐熱容器に入れ、
スパイス、塩、フライドオニオンも投入します。

タクコMIXを入れる。

**鶏もも肉は
ひと口大に切る。**

大きすぎると加熱不足
になるので注意。

**フライドオニオンを
入れる。**

塩を入れる。

**トマトは小さく
ざく切りにする。**

トマトの分量は1個
200gが目安。同量
のトマト缶でもOK。

にんにく、しょうがはすりおろす。

どちらもチューブもOK。でも風味のよさは生に
はかなわない。特にしょうがは生がおすすめ。

STEP 2

【 ざっくり混ぜる 】

スプーンなどで全体を軽く混ぜあわせます。
加熱むらが出ないよう、肉はなるべく重ならないように、
トマトは少しつぶしておくとベターです。

**全体を軽く
混ぜあわせる。**

**肉はなるべく
平らに並べる。**

生食材は重なっていると加
熱むらが出やすいので注意。

**トマトは
スプーンの背などで
軽くつぶす。**

加熱後にしっかりつぶす
ので、ここではザッとで
OK。省いてもかまわない。

STEP 3

【 レンジでチン！ 】

容器にふたをして電子レンジ（600W）で3分加熱します。
ふたのない容器（ガラスボウルなど）を使う場合は、
ふんわりラップをかけます。

**火がとおって
水分が出る。**

ふた（ラップ）を開ける
とカレーのいい匂い。
熱い蒸気が出るのでや
けどに注意。食材すべ
てに火がとおっている
か確認を。

肉が大きすぎると加熱
不足になることも。20
秒ずつ追加加熱する。

【 トマトをつぶしてよく混ぜる 】

熱々のうちにトマトをつぶしながらよく混ぜあわせます。
ベース(p.20)のうちヨーグルトだけは、
加熱すると分離しやすいので加熱後に加えます。

**熱いうちに
トマトをつぶしながら
混ぜあわせる。**

よく混ぜないと味にむら
が出てしまうので、ここは
しっかりと!

**最後に
ヨーグルトを加えて、
混ぜる。**

ヨーグルトはあらかじめ混
ぜてなめらかにしておく。

Part
1
☑
レンチンスパイスカレーのきほん

スプーンの背でトマトをしっ
かりつぶすのがポイント。

全体が均一になるよう、ま
んべんなくよく混ぜる。

ヨーグルトを加えてさらに
混ぜる。

26

もっと簡単に！ 代用食材を活用しよう

この本で作るカレーの材料は、おいしさはもちろん、
なるべく手に入りやすく、使い切りや保存しやすいものを選んでいます。
そのうち生の香味野菜は加工品に、
ベースは似た風味をもつほかの食材で代用することもできます。
上手に使えば、もっと簡単にレンチンカレーを作れます。

食材	代用品	分量	ひとこと
生トマト （1個200g目安）	トマト缶	生のトマト同量	トマトを切る作業が省ける。トマト缶やピューレ、ペーストは完熟トマトを使っているので、生よりも酸味が少なく、甘みが強くなる
	トマトピューレ トマトペースト	濃縮率にあわせて水で薄めて、生のトマトと同量 例3倍濃縮の場合、ペースト大さじ1＋水大さじ2で45〜50g（トマト約1/4個分）	
フライドオニオン （ひとりぶん大さじ1）	炒めたまねぎ	フライドオニオンと同量	フライドオニオンに比べると保存性には劣るが、味は間違いなし
	炒めたまねぎペースト	小さじ1	
・にんにく ・しょうが （ひとりぶん小さじ1）	すりおろしのチューブ	生のすりおろしと同量 （約3cm）	すりおろす手間が省けてとっても便利。好みにあわせて増減OK。ただし風味のよさは生にはかなわない
ココナッツミルクパウダー （ひとりぶん大さじ1）	ココナッツミルク	ココナッツミルクパウダーと同量	水分があるぶん汁気の多い仕上がりになる。パウダーよりも保存性に劣るが、残ったぶんは冷凍可
クリームチーズ （「Kiri」1個）	生クリーム	大さじ1	残ったぶんは冷凍保存可

Part 2

本格
レンチンスパイスカレー

スパイスカレーといえば、これ！というベーシックで本格的なカレーのレンチンレシピ。たまねぎを炒めて作るグレイビーの要素も、具と一緒にひとつの器に入っているので、とても簡単だけど味はしっかり本格的。好きなカレーを選んで作ってみれば、スパイスカレーがレンジで作れるの？という不安も吹き飛び、その手軽さとおいしさに驚くはず。もう一生カレーはレンチンでいいかも、と思ってしまうかも!?

ドライジンジャーチキン　☞p.34

超絶簡単・定番の味

あいびきキーマカレー

🔲 600w / **3**min.

あいびき肉 ·······························	150g
トマト(ざく切り) ·············	1/4個分(50g)
フライドオニオン ······················	大さじ1
にんにく(すりおろし) ··············	小さじ1
しょうが(すりおろし) ··············	小さじ1
タクコMIX(p.10) ·················	小さじ1
塩 ··································	小さじ1/2
ヨーグルト ····························	大さじ1

あればプラスしたいホールスパイス

・カルダモン(1個)・クローブ(1個)・スターアニス(1個)・シナモン(3cm)・カスリメティ(ひとつまみ)

❶ ヨーグルトはよくかき混ぜてなめらかにする。
❷ ヨーグルト以外の材料を耐熱容器に入れて軽く混ぜ、電子レンジ(600W)で3分加熱する。
❸ トマトをつぶしながらよくかき混ぜ、ヨーグルトを加えてさらに混ぜあわせる。

＊ 好みで刻んだパクチーを散らして。

ひき肉のなかで一番好きなのは「あいびき」です。鶏肉だと、あっさりしすぎていて私は食べた気がしないので、おもにダイエット用。豚肉もお手頃でいいですが、肉々しさや旨味は牛肉も加わったあいびき肉が勝ります。ときにはラムひき肉なども試してほしいけど、日常づかいにはあいびき肉をおすすめします。

ごろごろ肉に、にんにくガツン！

ガーリックペッパーポーク

🔲 600w / **3**min.

豚肩ロース肉‥‥‥‥‥‥‥‥‥‥‥‥‥ 200g
バター ‥‥‥‥‥‥‥‥‥‥‥‥‥‥‥‥ 5g
フライドオニオン ‥‥‥‥‥‥‥‥‥大さじ1
にんにく(すりおろし) ‥‥‥‥‥‥大さじ1
しょうが(すりおろし) ‥‥‥‥‥小さじ1
タクコMIX(p.10) ‥‥‥‥‥‥‥小さじ1
塩 ‥‥‥‥‥‥‥‥‥‥‥‥‥‥小さじ1/2
ブラックペッパー ‥‥‥‥‥‥‥小さじ1/4

あればプラスしたいホールスパイス

・カルダモン(2個) ・シナモン(3cm)

❶ 豚肉はひと口大に切る。
❷ すべての材料を耐熱容器に入れて軽く混
　ぜ、電子レンジ(600W)で3分加熱する。
❸ よく混ぜあわせる。

鶏もも肉でもおいしい！

Part
2
☑ 本格レンチンスパイスカレー

しょうががピリリ。刺激的な肉！

ドライジンジャーチキン

600w / **3**min.

鶏もも肉 ‥‥‥‥‥‥‥‥‥‥‥ 200g
フライドオニオン ‥‥‥‥‥‥‥ 大さじ1
しょうが(すりおろし) ‥‥‥‥‥ 大さじ1
にんにく(すりおろし) ‥‥‥‥‥ 小さじ1
タクコMIX(p.10) ‥‥‥‥‥‥‥ 小さじ1
塩 ‥‥‥‥‥‥‥‥‥‥‥‥‥ 小さじ1/2

あればプラスしたいホールスパイス
・カルダモン(1個) ・シナモン(3cm)

❶ 鶏肉はひと口大に切る。
❷ すべての材料を耐熱容器に入れて軽く混
　ぜ、電子レンジ(600W)で3分加熱する。
❸ よく混ぜあわせる。

※ バスマティライスもレンジで炊ける。(p.54)

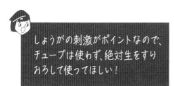

しょうがの刺激がポイントなので、
チューブは使わず、絶対生をすり
おろして使ってほしい！

Part 2 ✓ 本格レンチンスパイスカレー

すっぱさがやみつきの味

ポークビンダルー

🔲 600w / 3min.

豚肩ロース肉	150g
赤ワイン	大さじ1
酢	大さじ1
フライドオニオン	大さじ1
にんにく(すりおろし)	小さじ1
しょうが(すりおろし)	小さじ1
タクコMIX(p.10)	小さじ1
砂糖	小さじ1
塩	小さじ1/2
ブラックペッパー	小さじ1/8

あればプラスしたいホールスパイス
・カルダモン(1個) ・クローブ(1個) ・シナモン(3cm)

❶ 豚肉はひと口大に切る。

❷ すべての材料を耐熱容器に入れて軽く混ぜ、電子レンジ(600W)で3分加熱する。

❸ よく混ぜあわせる。

ブラックペッパーはは細挽きだとピリ辛で最高!
粗挽きだったら多めに加えてもOK。パンにもよくあいます。

Part 2

☑ 本格レンチンスパイスカレー

カリー子流ハンバーグカレー

パクチーバーグカレー

600w / **4**min.

パクチーバーグの材料

あいびき肉	120g
パクチー(みじん切り)	1株分
タクコMIX(p.10)	小さじ1
にんにく(すりおろし)	小さじ1/2
塩	小さじ1/4

牛乳	50㎖
トマト(ざく切り)	1/2個分(100g)
フライドオニオン	大さじ1
にんにく(すりおろし)	小さじ1
しょうが(すりおろし)	小さじ1
タクコMIX(p.10)	小さじ1
塩	小さじ1/4

あればプラスしたいホールスパイス
・カルダモン(1個) ・クローブ(1個) ・シナモン(3㎝)

❶ パクチーバーグの材料をこねて丸める。

❷ 耐熱容器の真ん中にパクチーバーグを入れ、残りの材料を周りにまんべんなく入れて、電子レンジ(600W)で4分加熱する。

❸ トマトをつぶしながら、パクチーバーグを崩さないようによく混ぜあわせる

真ん中にパクチーバーグ、周りにその他の材料を入れてチン。加熱前は混ぜなくてOKです。

牛乳は多少分離していてもよく混ぜれば問題なし！
気になるようであれば、あとから牛乳を加えてもOK。

インドカレー屋さんの
甘いバターチキン

🔲 600w / **4**min.

鶏もも肉 ……………………………… 100g
カシューナッツ ……………………………… 20g
バター ……………………………………… 5g
クリームチーズ ……………………… 1個(18g)
トマト(ざく切り) ……………1個分(200g)
にんにく(すりおろし) ………………小さじ1
しょうが(すりおろし) ………………小さじ1
タクコMIX(p.10) ……………………小さじ1
塩 …………………………………小さじ1/2
砂糖 …………………………………大さじ1/2

あればプラスしたいホールスパイス
・カルダモン(1個)・クローブ(1個)・シナ
モン(3cm)・スターアニス(1個)・カスリメテ
ィ(ひとつまみ)

❶ 鶏肉はひと口大に切る。カシューナッツは
  電動ミルなどで細かい粉末にする。
❷ クリームチーズは小さくちぎり、すべての
  材料を耐熱容器に入れて軽く混ぜ、電子
  レンジ(600W)で4分加熱する。
❸ トマト、クリームチーズをつぶし溶かすよう
  にして、よく混ぜあわせる。

❋ 器に盛って牛乳を少しまわしかける。

カシューナッツは粉
末に。クリームチー
ズは小さくちぎって
容器に入れます。

カシューナッツは粉末になっていないととろみがつきません。製菓用のアーモンドプードルに代えてもOK。

南インドの味を手軽に

チキン65

600w / **4**min.

冷凍から揚げ	150g
トマトケチャップ	大さじ3
牛乳	大さじ1
フライドオニオン	大さじ1
にんにく(すりおろし)	小さじ1
しょうが(すりおろし)	小さじ1
タクコMIX(p.10)	小さじ1
ブラックペッパー	小さじ1/8

❶ すべての材料を耐熱容器に入れて軽く混ぜ、電子レンジ(600W)で4分加熱する。

❷ よく混ぜあわせる。

＊ 野菜を添えて、おかずとして食べるのもいい。

から揚げは冷凍のままチンしてOK。
冷凍から揚げはお弁当用でも業務
用でもお好みで。

Part **2** ☑ 本格レンチンスパイスカレー

香り豊かでマイルドな味

ココナッツビーフカレー

📷 600w / **3**min.

牛ばら肉‥‥‥‥‥‥‥‥‥‥‥‥‥‥‥ 150g
トマト(ざく切り)‥‥‥‥‥‥ 1/4個分(50g)
ココナッツミルクパウダー‥‥‥‥‥‥大さじ2
フライドオニオン‥‥‥‥‥‥‥‥‥‥大さじ1
にんにく(すりおろし)‥‥‥‥‥‥‥小さじ1
しょうが(すりおろし)‥‥‥‥‥‥‥小さじ1
タクコMIX(p.10)‥‥‥‥‥‥‥‥‥小さじ1
塩‥‥‥‥‥‥‥‥‥‥‥‥‥‥‥‥‥小さじ1/2

あればプラスしたいホールスパイス
・カルダモン(1個)・クローブ(1個)・シナ
モン(3cm)・スターアニス(1個)・カスリメ
ティ(ひとつまみ)

❶ 牛肉は食べやすいサイズに切る。
❷ すべての材料を耐熱容器に入れて軽く混
　ぜ、電子レンジ(600W)で3分加熱する。
❸ トマトをつぶしながらよく混ぜあわせる。

✳ 好みでパクチーを添えて。

ココナッツとスターアニスは相性抜群。ココナッツ
の甘さが引き出されるので、入れるのと入れないの
では仕上がりがまったく違ったものになります。さら
に牛肉の脂はホールスパイスの魅力を引き出し、風
味をまとめてくれる包容力の高い肉。スターアニスが
苦手という人は意外と多い。そんな人は、ぜひこのカ
レーでスターアニスデビューしてみてください。

レモンとココナッツが香る

南国えびカレー

🔲 600w / **3**min.

えび ……………………… 5尾(100g)
トマト(ざく切り) ………… 1/4個分(50g)
ココナッツミルクパウダー ………… 大さじ2
レモン汁 ……………………… 大さじ1
フライドオニオン ……………… 大さじ1
にんにく(すりおろし) ………… 小さじ1
しょうが(すりおろし) ………… 小さじ1
タクコMIX(p.10) ……………… 小さじ1
砂糖 ……………………………… 小さじ1
塩 ………………………………… 小さじ1/4

あればプラスしたいホールスパイス
・カルダモン(1個)・クローブ(1個)・シナ
モン(3cm)・カスリメティ(ひとつまみ)

❶ えびは殻をむき、背に切り込みを入れて背
   わたを取る。
❷ すべての材料を耐熱容器に入れて軽く混
   ぜ、電子レンジ(600W)で3分加熱する。
❸ トマトをつぶしながらよく混ぜあわせて、塩
   (分量外)を適量加える。

＊ 好みで刻んだパクチーを添えて。

えびはむきえび、冷凍え
びでもOK。冷凍の場合
は凍ったまま器に入れ
加熱時間を4分に。
えびの塩けを考慮して塩
は加熱前に少量入れて
から最後に味をみて好
みの味に調節します。

ベーシックな魚のカレー

フィッシュコルマ

📟 600w / *3min.*

たら	1切れ
トマト（ざく切り）	1/4個分（50g）
フライドオニオン	大さじ1
にんにく（すりおろし）	小さじ1
しょうが（すりおろし）	小さじ1
タクコMIX(p.10)	小さじ1
塩	小さじ1/4
ヨーグルト	大さじ3

あればプラスしたいホールスパイス
・カルダモン（1個）・クローブ（1個）・カス
リメティ（ひとつまみ）

❶ たらは3等分に切る。ヨーグルトはよくかき
　混ぜてなめらかにする。
❷ ヨーグルト以外の材料を耐熱容器に入れ
　て軽く混ぜ、電子レンジ（600W）で3分
　加熱する。
❸ トマトをつぶしながらよくかき混ぜ、ヨーグ
　ルトを加えてさらに混ぜあわせて、塩（分
　量外）を適量加える。

※ 好みでパクチーを添えて。

Part
2
☑ 本格レンチンスパイスカレー

さけの塩けを考慮して、塩は加熱前に少量入れてから最後に味をみて好みの味に調節します。えびでもおいしい。

人気のサーモンをカレーに

さけの
トマトクリーム
カレー

 600w / **4**min.

さけ ･･････････････････････････････1切れ
クリームチーズ ･････････････････ 1個(18g)
トマト(ざく切り) ･････････････1個分(200g)
フライドオニオン ･････････････････大さじ1
にんにく(すりおろし) ･････････････小さじ1
しょうが(すりおろし) ･････････････小さじ1
タクコMIX(p.10) ･････････････････小さじ1
塩 ････････････････････････････････小さじ1/4

あればプラスしたいホールスパイス
・カルダモン(1個) ・シナモン(3cm) ・カス
リメティ(ひとつまみ)

❶ さけはひと口大に切る。
❷ クリームチーズは小さくちぎり、すべての
材料を耐熱容器に入れて軽く混ぜ、電子
レンジ(600W)で4分加熱する。
❸ さけを崩さないようにトマト、クリームチー
ズをつぶし溶かすようにして、よく混ぜあ
わせて、塩(分量外)を適量加える。

＊ ブラックペッパーをふるとピリッとした辛
味が加わる。

クリーミーなラムカレー

ラム・マカニ

 600w / **4**min.

ラム肉 ………………………………… 120g
バター …………………………………… 5g
クリームチーズ ……………… 1個(18g)
トマト(ざく切り) …………1個分(200g)
フライドオニオン ……………………大さじ1
にんにく(すりおろし) ……………小さじ1
しょうが(すりおろし) ……………小さじ1
タクコMIX(p.10) ………………小さじ1
塩 ………………………………小さじ1/2

あればプラスしたいホールスパイス
・カルダモン(1個)・クローブ(1個)・シ
ナモン(4cm)・スターアニス(1個)・カスリ
メティ(ひとつまみ)

❶ ラム肉はひと口大に切る。
❷ クリームチーズは小さくちぎり、すべての
　材料を耐熱容器に入れて軽く混ぜ、電子
　レンジ(600W)で4分加熱する。
❸ クリームチーズをつぶし溶かすようにして、
　よく混ぜあわせる。

ここでは肩ロースを使用。もも肉ならあっさり
した仕上がりに。ばら肉、ラムチョップ、ジンギ
スカン用の薄切り肉でもOK。薄切り肉の場合
は、加熱時間を3分にします。

レンジで炊くバスマティライス

日本米よりも早く炊けるバスマティライスだから、
浸水なしでもレンジ調理で短時間に炊くことができます。

❶ バスマティライス100g、水を200㎖用意する（ひとりぶん）。

❷ 米をさっと洗って、手を添えて軽く水を切る。少し（約40㎖）水が残っていたほうがいいので、ざるにはあげない。

❸ 耐熱容器に米をうつし、水を注ぐ。ふた付き容器（p.14）がおすすめ。なければボウルでもOK。

ふたをしないで
600W
8分加熱

❹ 4分ほどで沸騰しはじめる。沸騰してから4分加熱したいので、タイミングをみて時間を調整しても。途中でレンジのドアを開けると庫内の温度が下るので絶対、開けないで！

❺ 8分加熱後、泡のふくらみが大きくなったらストップ。レンジから出す。熱々の蒸気が出ているので、やけどに注意して。

❻ 外側と内側の温度のむらをなくすよう、手早くさっとかき混ぜる。5秒くらいで済ませたい。

ふたをして
600W
5分加熱

❼ このときはまだ、米が浸るくらいの水が残っている状態。これより少なかったら、浸る量まで水を足す。

❽ 米の表面をたいらにならして、今度はふたをして加熱。ふたがない容器なら、ふんわりラップをかける。

❾ 徐々に泡が消え水分もなくなっていく。

そのまま
庫内で5分
蒸らす

かたければ
水を大さじ1〜2
加えて
1分再加熱

❿ 5分だとややかため、10〜15分だとやわらかく仕上がる。庫内で蒸らせないときはタオルなどに包んで冷めないようにする。

⓫ 蒸らしたあと、ふたを外す。ちゃんと炊けているか確認。

⓬ かたすぎるようなら、全体を混ぜあわせてから大さじ1〜2の水を加えて1分ほど再加熱。

⓭ 上手に炊けていれば、全体をふんわり混ぜて完成。

Part

3

時短
レンチンスパイスカレー

缶詰や冷凍食品などの加工済み食品を使ったり、下ごしらえの手間を極力なくしたり、調味料もごくごくシンプルで、もっと手軽な時短カレーのレンチンレシピ。なめこや明太子など、いままでカレーに使わなかった食材を使った「ご飯のおとも」的カレーも登場します。加工食品を使うレシピなら、お気に入り具材を買い置きして早朝でも深夜でもいつでも食べたいときにスパイスカレーを作れます。

大豆キーマカレー　☞p.69

にらがスパイス的に活躍

にらキーマカレー

📟 600w / **3**min.

豚ひき肉‥‥‥‥‥‥‥‥‥‥‥‥‥ 150g
にら(みじん切り) ‥‥‥‥‥‥‥ 1/2束分
トマト(ざく切り) ‥‥‥‥‥ 1/4個分(50g)
フライドオニオン ‥‥‥‥‥‥‥‥ 大さじ1
にんにく(すりおろし) ‥‥‥‥‥‥ 小さじ1
しょうが(すりおろし) ‥‥‥‥‥‥ 小さじ1
タクコMIX(p.10) ‥‥‥‥‥‥‥‥ 小さじ1
塩 ‥‥‥‥‥‥‥‥‥‥‥‥‥‥ 小さじ1/2

あればプラスしたいホールスパイス
・カルダモン(1個) ・クローブ(1個) ・スターアニス(2かけ)

❶ すべての材料を耐熱容器に入れて軽く混ぜ600Wで3分加熱する。

❷ よく混ぜあわせる。

❋ 好みで卵黄をのせて。

子どものころからにらが大好き。実は、どういうわけか家の玄関先のタイルのすき間からにらが生えてきました。最近はそれを切ってはカレーにしています。2週間くらいで再生するので月に2回はにらカレーを食べてます(本当はもっと食べたい)。
ちなみにスパイスカレーに使う場合、にらをスパイスの一種として考えています。たとえていうならパクチーのような存在です。
そうめんと食べるのもおいしい! ごま油を小さじ1ほど加えると風味豊かになります。

さば缶はえらい！
さばキーマカレー

600w / **2**min.

さば水煮缶	1缶(190g)
トマト(ざく切り)	1/4個分(50g)
フライドオニオン	大さじ1
にんにく(すりおろし)	小さじ1
しょうが(すりおろし)	小さじ1
タクコMIX(p.10)	小さじ1
塩	小さじ1/4
ヨーグルト	大さじ1

あればプラスしたいホールスパイス
・カルダモン(1個) ・シナモン(2cm) ・カスリメティ(ひとつまみ)

❶ さば缶は軽く汁気をきる。ヨーグルトはよくかき混ぜてなめらかにする。

❷ ヨーグルト以外の材料を耐熱容器に入れて軽く混ぜ、電子レンジ(600W)で2分加熱する。

❸ トマトをつぶしながらよくかき混ぜ、ヨーグルトを加えてさらに混ぜあわせて、塩(分量外)を適量加える。

さば缶は商品によって塩けが異なるため、塩は加熱前に少量入れてから最後に味をみて好みの味に調節します。
ヨーグルトをココナッツミルクパウダー(大さじ2)に代えてもおいしい。その場合は、すべての材料をあわせてチンします。

Part
3
✓ 時短レンチンスパイスカレー

シーフードミックスと粉チーズに塩けがあるため、塩は加熱前に
少量入れてから最後に味をみて好みの味に調節します。

粉チーズがポイント！

魚介トマトカレー

🔲 600w / 4min.

冷凍シーフードミックス	⋯⋯⋯⋯⋯ 100g
トマト(ざく切り)	⋯⋯⋯⋯1個分(200g)
フライドオニオン	⋯⋯⋯⋯⋯⋯大さじ1
にんにく(すりおろし)	⋯⋯⋯⋯小さじ1
しょうが(すりおろし)	⋯⋯⋯⋯小さじ1
タクコMIX(p.10)	⋯⋯⋯⋯⋯小さじ1
塩	⋯⋯⋯⋯⋯⋯⋯小さじ1/4
粉チーズ	⋯⋯⋯⋯⋯⋯大さじ1

あればプラスしたいホールスパイス
・カルダモン(1個) ・クローブ(1個)

❶ シーフードミックスは凍ったまま、粉チーズ
以外の材料を耐熱容器に入れて軽く混ぜ、
電子レンジ(600W)で4分加熱する。
❷ トマトをつぶしながらよく混ぜあわせ、粉
チーズ、塩(分量外)を適量加える。

※ 粉チーズは追いがけしてもいい。

ボリューム満点

ころころ
肉団子カレー

 600w / 5min.

冷凍肉団子 ························· 120g
トマト（ざく切り） ············· 1個分（200g）
フライドオニオン ················· 大さじ1
にんにく（すりおろし） ············· 小さじ1
しょうが（すりおろし） ············· 小さじ1
タクコMIX(p.10) ················· 小さじ1
塩 ··························· 小さじ1/4

あればプラスしたいホールスパイス
・カルダモン（1個）・クローブ（1個）・シナ
モン（2cm）・カスリメティ（ひとつまみ）

❶ 肉団子は凍ったまま、すべての材料を耐熱容
器に入れて軽く混ぜ、電子レンジ（600W）
で5分加熱する。

❷ トマトをつぶしながらよく混ぜあわせる。

＊ ブラックペッパーをふるとピリッとスパイシ
ーに。

肉団子はどんなタイプのものでもOK。ここではプ
レーンなタイプを使用していますが、たれがから
んだタイプでもおいしくできます。シンプルなレシ
ピなので、どんな具にもあいます。

パパッと手軽に

ツナ缶キャベツカレー

600w / 3min.

ツナオイル缶 ………………………… 1缶(70g)
キャベツ(ざく切り) ……… 1/8玉分(100g)
トマト(ざく切り) ………… 1/4個分(50g)
フライドオニオン ……………………… 大さじ1
にんにく(すりおろし) …………… 小さじ1
しょうが(すりおろし) …………… 小さじ1
タクコMIX(p.10) ………………… 小さじ1
塩 …………………………………… 小さじ1/4
ブラックペッパー ……………… 小さじ1/8

ヨーグルト ………………………… 大さじ1

❶ ヨーグルトはよくかき混ぜてなめらかにする。

❷ ツナ缶は汁ごと、ヨーグルト以外の材料を耐熱容器に入れて軽く混ぜ、電子レンジ（600W）で3分加熱する。

❸ トマトをつぶしながらよくかき混ぜ、ヨーグルトを加えてさらに混ぜあわせ、塩（分量外）を適量加える。

Part
3
☑
時短レンチンスパイスカレー

キャベツはかさばるので、適当に重ねて加熱してから、最後にしっかり混ぜあわせればOK。
ツナ缶に塩けがあるので、塩は加熱前に少量入れてから最後に味をみて好みの味に調節します。
ヨーグルトの代わりにマヨネーズを加えるとこくうま。最高においしい。

おかずにも、おつまみにも

トロトロにらたまカレー

🔲 600w / **1+1**min.

にら（長さ3cmのざく切り）‥‥‥	1/2束分
フライドオニオン ‥‥‥‥‥‥	大さじ1
にんにく（すりおろし）‥‥‥‥	小さじ1
タクコMIX（p.10）‥‥‥‥‥‥	小さじ1
塩 ‥‥‥‥‥‥‥‥‥‥‥‥‥	小さじ1/4
卵 ‥‥‥‥‥‥‥‥‥‥‥‥‥	2個
ごま油 ‥‥‥‥‥‥‥‥‥‥‥	小さじ1

❶ にらから塩までの材料を耐熱容器に入れて軽く混ぜ、電子レンジ（600W）で1分加熱する。

❷ 卵を割り入れ、ごま油を加えてよく混ぜあわせて、さらに1分加熱して軽く混ぜる。

カレーなの？カレーじゃないの？の間をうろうろしているレシピを「境界的カレー」と呼んでいて、これは、超境界的ともいえるカレー。カレーでもカレーじゃなくても、ただただおいしいので、ぜひ試してほしくてカレーとして紹介しています（カレーの本なので）。

ほくほくおいしい

大豆キーマカレー

 600w / *3min.*

大豆は水煮でもOK。
水けをきって使います。

鶏ひき肉 ························· 100g
大豆（ドライパック） ··············· 50g
クリームチーズ ············· 1個（18g）
トマト（ざく切り） ······1/2個分（100g）
フライドオニオン ················大さじ1
にんにく（すりおろし） ··········小さじ1
しょうが（すりおろし） ··········小さじ1
タクコMIX（p.10） ·············小さじ1
塩 ·······················小さじ1/4

あればプラスしたいホールスパイス
・カルダモン（1個）・クローブ（1個）
・カスリメティ（ひとつまみ）

❶ クリームチーズは小さくちぎり、すべ
ての材料を耐熱容器に入れて軽く混
ぜ、電子レンジ（600W）で3分加熱
する。

❷ トマト、クリームチーズをつぶし溶か
すようにして、よく混ぜあわせる。

＊ ブラックペッパーをふるとパンチが出る。

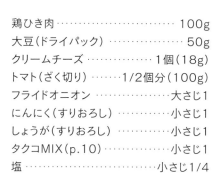

なめこ味が広がるクセになる味

なめたまカレー

 600w / *1.5+1*min.

なめこ ・・・・・・・・・・・・1パック(100g)
バター ・・・・・・・・・・・・・・・・・・・・ 5g
フライドオニオン ・・・・・・・・・・・大さじ1
にんにく(すりおろし) ・・・・・・・・・・小さじ1
タクコMIX(p.10) ・・・・・・・・・・・小さじ1
塩 ・・・・・・・・・・・・・・・・・・・・・・小さじ1/4
卵 ・・・・・・・・・・・・・・・・・・・・・・・・・ 1個

❶ 卵以外の材料を耐熱容器に入れ軽く
混ぜ、電子レンジ(600W)で1分30
秒加熱する。

❷ 卵を割り入れてよく混ぜあわせて、さ
らに1分加熱して軽く混ぜる。

ずっと挑戦したかった、なめこのカレー。ほとんどお味噌汁にしかならないなめこを炒める調理に
使いたいと生まれた、新境地・不思議カレーです。ひたすらなめこ味なのでなめこが好きな人はぜ
ひ作ってほしいけど、そうでない人には「へっ?」て思う味かも。でも病みつきになる味なのです。
材料に白ワイン小さじ1を加えると、おつまみ的な味になります。

ご飯のおともの小鉢にも

納豆明太カレー

600w / *1*min.

明太子の代わりにキムチでもOK。ここでは、豪快にどんぶりご飯にしましたが、小鉢としてちびちび食べるのにもぴったりです。ご飯が進む境界的カレーです。

小粒納豆	1パック（50g）
マヨネーズ	大さじ1
フライドオニオン	大さじ1
にんにく（すりおろし）	小さじ1
しょうが（すりおろし）	小さじ1
タクコMIX（p.10）	小さじ1
明太子	2～3切れ（20g）

❶ 明太子以外の材料を耐熱容器に入れ軽く混ぜ、電子レンジ（600W）で1分加熱する。

❷ 明太子を加えてよく混ぜあわせる。

新しすぎる組みあわせ

魚河岸揚げカレー

 600w / *3min.*

魚河岸揚げ ‥‥‥‥‥‥‥‥1パック(4個)
トマト(ざく切り) ‥‥‥‥1/2個分(100g)
ココナッツミルクパウダー ‥‥‥‥大さじ1
フライドオニオン ‥‥‥‥‥‥‥大さじ1
にんにく(すりおろし) ‥‥‥‥‥小さじ1
しょうが(すりおろし) ‥‥‥‥‥小さじ1
タクコMIX(p.10) ‥‥‥‥‥‥‥小さじ1
塩 ‥‥‥‥‥‥‥‥‥‥‥‥‥‥小さじ1/4

❶ すべての材料を耐熱容器に入れて軽く混
ぜ、電子レンジ(600W)で3分加熱する。
❷ トマトをつぶしながらよく混ぜあわせる。

がんもどきでも作れるけれど、魚河岸揚
げのおいしさにはかなわない。魚河岸揚
げが好きすぎて、カレーにしてしまいまし
た。1パック4個入りなので使い切るた
めにレシピでは4個使っていますが、女
性が一度に食べるには多いかも。これだ
け食べるのもおいしいので、残りは明日
のおかずにまわしてください。

Part **3** ☑ 時短レンチンスパイスカレー

Part
3

☑

時短レシチン、スパイスカレー

シーザーサラダ風

ベーコンレタス
カレー

 600w / *3min.*

ベーコン(細切り)	50g
レタス(ざく切り)	50g
牛乳	100㎖
粉チーズ	大さじ2
フライドオニオン	大さじ1
にんにく(すりおろし)	小さじ1
タクコMIX(p.10)	小さじ1
ブラックペッパー	小さじ1/4

❶ すべての材料を耐熱容器に入れて軽く混ぜ、電子レンジ(600W)で3分加熱する。
❷ よく混ぜあわせる。

スパゲッティやパンにあわせてもおいしいし、トマト系カレーとのあいがけも超おすすめ。ベーコン、粉チーズに塩けがあるので塩なしでも十分ですが、お好みで加えてもOK。

レンジでカレー麺レシピ

カレーうどんもカレーパスタもレンチンで。
包丁いらずのパパッと作れる2品です。

肉味噌カレーうどん

冷凍うどん ················· 1玉	
豚ひき肉 ················· 150g	
フライドオニオン ······· 大さじ1	
味噌 ················· 小さじ2	
にんにく（すりおろし）··· 小さじ1	
しょうが（すりおろし）··· 小さじ1	
タクコMIX（p.10）······ 小さじ1	
しょうゆ ················· 小さじ1	
ごま油 ················· 小さじ1	
砂糖 ················· 小さじ1/2	
ブラックペッパー ····· 小さじ1/4	
卵黄 ················· 1個	

❶ うどんと卵黄以外の材料を耐熱容器に入れて軽く混ぜあわせた上に冷凍うどんをのせて、電子レンジ（600W）で5分加熱する。
うどんをのせてふたが閉まらなければ、うどんにふたを引っかけるようにするといい。

❷ よく混ぜあわせて、卵黄をのせる。

Part
3
☑
時短レンチンスパイスカレー

ツナトマトカレースパゲッティ

スパゲッティ ‥‥‥‥‥‥ 100g
（1.4㎜。ゆで時間5分のもの）

ツナオイル缶 ‥‥‥‥ 1缶（70g）
コーン缶 ‥‥‥‥‥ 1/2缶（50g）
トマト缶 ‥‥‥‥‥ 1/2缶（200g）
水 ‥‥‥‥‥‥‥‥‥‥‥ 200㎖
フライドオニオン ‥‥‥ 大さじ1
にんにく（すりおろし）‥ 小さじ1
タクコMIX（p.10）‥‥‥ 小さじ1
塩 ‥‥‥‥‥‥‥‥‥‥ 小さじ1/2

粉チーズ ‥‥‥‥‥‥‥‥ 適量

❶ スパゲッティは半分に折り耐熱容器に入れ、その上に残りのすべての材料を入れる。

❷ ふたをせずに電子レンジ（600W）で10分加熱したら、よく混ぜあわせて粉チーズをかける。

＊ 麺がかたかったら、よくかき混ぜたあと1分ほど再加熱する。

もっと、ずっと楽しむために

Part **4**

新感覚
レンチンスパイスカレー

和風だったり中華風だったり、スパイスカレーのさらなる可能性を発見、堪能できる新感覚なレンチンレシピ。味噌やしょうゆ、長ねぎやごぼう、豆腐も登場します。スパイスカレーにあまり使うことがない食材を違和感なくまとめてくれるのは、まさにスパイスのちから。そんな食材とスパイスが出会ったときに生まれる、新しいおいしさをぜひ楽しんでください。レパートリーが増えれば増えるほど、もっとスパイスカレーにひたれます。

豚角煮カレー　☞p.98

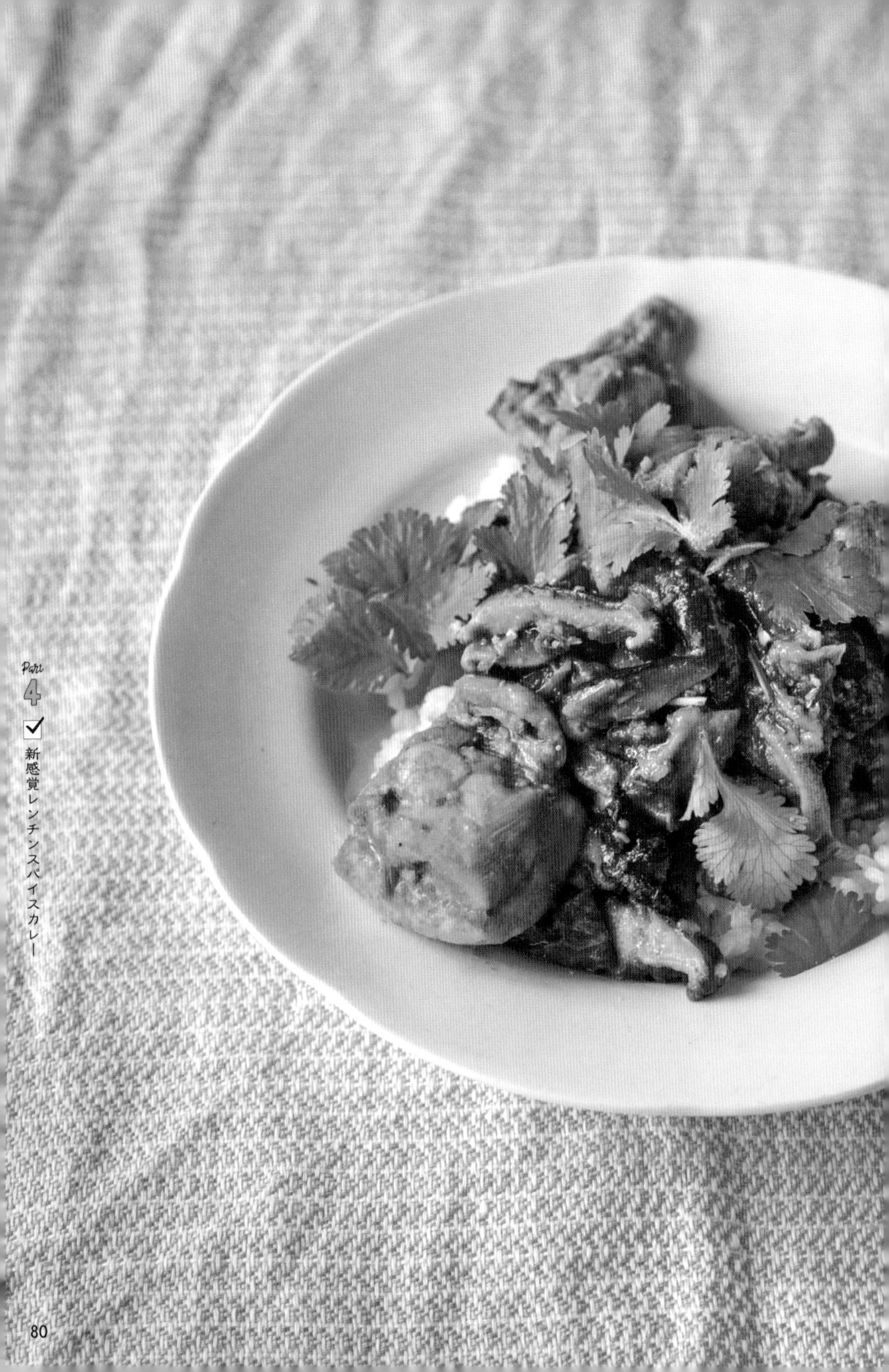

レンチンで極上の味

鶏肉しいたけ
中華カレー

🔲 *600w / 3min.*

鶏もも肉 ································ 150g
しいたけ ·························· 3枚（60g）
酒 ·································· 大さじ1
フライドオニオン ···················· 大さじ1
しょうゆ ···························· 小さじ2
にんにく（すりおろし） ··············· 小さじ1
しょうが（すりおろし） ··············· 小さじ1
タクコMIX（p.10） ················· 小さじ1

あればプラスしたいホールスパイス
・クローブ（2個）・スターアニス（1個）

❶ 鶏肉はひと口大に、しいたけは細切りにする。
❷ すべての材料を耐熱容器に入れて軽く混
　ぜ、電子レンジ（600W）で3分加熱する。
❸ よく混ぜあわせる。

✳ 好みでパクチーの葉を散らす。

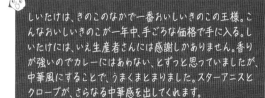

しいたけは、きのこのなかで一番おいしいきのこの王様。こ
んなおいしいきのこが一年中、手ごろな価格で手に入る。
しいたけには、いえ生産者さんには感謝しかありません。香り
が強いのでカレーにはあわない、とずっと思っていましたが、
中華風にすることで、うまくまとまりました。スターアニスと
クローブが、さらなる中華感を出してくれます。

Part
4

新感覚レンチンスパイスカレー

あのおかずがカレーに!?

豚キムチカレー

🍳 600w / 3min.

豚ばら肉	150g
トマト(ざく切り)	1/4個分(50g)
キムチ	大さじ2
フライドオニオン	大さじ1
タクコMIX(p.10)	小さじ1
塩	小さじ1/4
ヨーグルト	大さじ1

❶ 豚肉は食べやすいサイズに切る。ヨーグルトはよくかき混ぜてなめらかにする。

❷ ヨーグルト以外の材料を耐熱容器に入れて軽く混ぜ、電子レンジ(600W)で3分加熱する。

❸ トマトをつぶしながらよくかき混ぜ、ヨーグルトを加えてさらに混ぜあわせる。

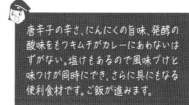

唐辛子の辛さ、にんにくの旨味、発酵の酸味をもつキムチがカレーにあわないはずがない。塩けもあるので風味づけと味つけが同時にでき、さらに具にもなる便利食材です。ご飯が進みます。

加熱前は混ぜにくいので材料はのせるだけでOK。最後に味噌の溶け残りがないように、しっかり混ぜあわせてください。

Part
4

☑ 新感覚レンチンスパイスカレー

なすがジューシー

牛ばらなす丼カレー

🔲 600w / *3*min.

牛ばら肉 ································· 100g
なす ································· 1本
フライドオニオン ··············· 大さじ1
にんにく（すりおろし） ··········· 小さじ1
しょうが（すりおろし） ··········· 小さじ1
タクコMIX（p.10） ··············· 小さじ1
味噌 ································· 小さじ1
しょうゆ ··························· 小さじ1
ごま油 ····························· 小さじ1

あればプラスしたいホールスパイス

・クローブ（1個）・スターアニス（2かけ）

❶ なすは縦に8等分に切る。
❷ なすを耐熱容器の底に並べ、ほかのすべ
  ての材料も入れて、電子レンジ（600W）
  で3分加熱する。
❸ 味噌を溶かしながら、よく混ぜあわせる。

＊ 卵黄をのせるのがおすすめ。

なすを下に敷くことで
パサパサするのを防
ぎつつ、肉などの旨
味を吸わせます。

夏に食べたいさっぱり味

豚しゃぶ梅干しカレー

 600w / *3min.*

豚ばら肉 ·· 150g
梅干し ·························· 1個(種を除いて15g)
トマト(ざく切り) ············ 1/4個分(50g)
フライドオニオン ······················ 大さじ1
にんにく(すりおろし) ················ 小さじ1
しょうが(すりおろし) ················ 小さじ1
タクコMIX(p.10) ······················ 小さじ1

❶ 豚肉は食べやすいサイズに切る。梅干しは
   種を除き細かく刻む。
❷ すべての材料を耐熱容器に入れて軽く混
   ぜ、電子レンジ(600W)で3分加熱する。
❸ よく混ぜあわせて、塩を適量(分量外)加
   える。

梅干しはしそ梅干しでもはちみつ梅干しで
もOK。梅干しの塩けが異なるため、最後に
味をみて好みの味に調節します。ご飯はも
ちろん、そうめん、うどんにもあいます。

中華の定番がカレーと合体

麻婆豆腐カレー

🔲 600w / *3+1min.*

豚ひき肉	100g
長ねぎ	10cm
フライドオニオン	大さじ1
酒	大さじ1
豆板醤（コチュジャン、味噌でも代用可能）	小さじ2
ごま油	小さじ1
しょうゆ	小さじ1
砂糖	小さじ1
にんにく（すりおろし）	小さじ1
しょうが（すりおろし）	小さじ1
タクコMIX（p.10）	小さじ1
豆腐	100g

あればプラスしたいホールスパイス
• クローブ（1個） • スターアニス（1個）

❶ 長ねぎはみじん切りにする。豆腐は2～3
cm角に切る。
❷ 豆腐以外の材料を耐熱容器に入れて軽く
混ぜ、電子レンジ（600W）で3分加熱する。
❸ よく混ぜてから豆腐を加えて、さらに1分
加熱する。

豆腐以外の材料を
加熱してから豆腐を
加えて再加熱。この
あと混ぜると豆腐が
崩れてしまうので混
ぜずに器に盛ります。

豆腐も一緒にかき混ぜて、豆腐をくずして
麻婆豆腐キーマみたいにしてもおいしい。

えびマヨキャベツカレー

🔲 600w / **3**min.

えび	5尾(100g)
キャベツ	1/8玉(100g)
トマト(ざく切り)	1/4個分(50g)
マヨネーズ	大さじ1
フライドオニオン	大さじ1
にんにく(すりおろし)	小さじ1
しょうが(すりおろし)	小さじ1
タクコMIX(p.10)	小さじ1
塩	小さじ1/4

❶ えびは殻をむき、背に切り込みを入れて背わたを取る。キャベツはざく切りにする。

❷ すべての材料を耐熱容器に入れ電子レンジ(600W)で3分加熱する。

❸ トマトをつぶしながらよく混ぜあわせる。

✻ 好みでブラックペッパーをふる。

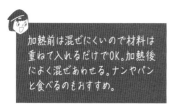

加熱前は混ぜにくいので材料は重ねて入れるだけでOK。加熱後によく混ぜあわせる。ナンやパンと食べるのもおすすめ。

味噌もカレーにあうんです

えびの長ねぎ味噌カレー

📷 600w / *3min.*

えび ······························· 5尾(100g)
長ねぎ ······················· 1/2本(50g)
トマト(ざく切り) ··········· 1/4個分(50g)
味噌 ·······························大さじ1/2
フライドオニオン ················· 大さじ1
にんにく(すりおろし) ··········· 小さじ1
しょうが(すりおろし) ··········· 小さじ1
タクコMIX(p.10) ················小さじ1

ヨーグルト ··························大さじ1

あればプラスしたいホールスパイス
・クローブ(1個) ・スターアニス(2かけ)

❶ えびは殻をむき、背に切り込みを入れて背
　わたを取る。長ねぎは1.5cm幅の斜め切り
　にする。ヨーグルトはよくかき混ぜてなめら
　かにする。

❷ ヨーグルト以外の材料を耐熱容器に入れ
　て軽く混ぜ、電子レンジ(600W)で3分
　加熱する。

❸ トマトをつぶし味噌を溶かしながらよくかき
　混ぜ、ヨーグルトを加えて混ぜあわせて、
　塩を適量(分量外)を加える。

えびをくるんと丸め
て器に入れると、き
れいな仕上がりに。

ご飯に少量つけながら食べる「味噌」
のような使い方にもぴったり。
冷凍むきえびを使う場合は冷凍のま
ま加熱時間を4分にのばします。

ワインが香る深い味わい

大人の
ビーフカレー

 600w / **4**min.

牛ばら肉	150g
トマト(ざく切り)	1個分（200g）
バター	5g
赤ワイン	大さじ2
フライドオニオン	大さじ1
にんにく(すりおろし)	小さじ1
タクコMIX(p.10)	小さじ1
塩	小さじ1/2

あればプラスしたいホールスパイス

・カルダモン（2個）・クローブ（2個）・シナモン（5cm）

❶ 牛肉は食べやすいサイズに切る。

❷ すべての材料を耐熱容器に入れて軽く混ぜ、電子レンジ（600W）で4分加熱する。

❸ トマトをつぶしながらよく混ぜあわせる。

ご飯にたっぷりかけて汁かけご飯にして白米との至福の組みあわせを楽しんでほしい。本当に愛しいレシピです。ワイン臭を少なくしたかったら加熱後にふたを外して1分ほど再加熱。マッシュルームのスライスを1個分ほど加えるとさらに旨味がアップします。

白ワインで上質な風味に

レモンクリームチキン

🍳 600w / **4**min.

鶏もも肉	150g
クリームチーズ	1個（18g）
トマト（ざく切り）	1/2個分（100g）
白ワイン	大さじ1
レモン汁	大さじ1
フライドオニオン	大さじ1
にんにく（すりおろし）	小さじ1
タクコMIX（p.10）	小さじ1
砂糖	小さじ1
塩	小さじ1/2

あればプラスしたいホールスパイス
・カルダモン（2個） ・シナモン（2cm）

❶ 鶏肉はひと口大に切る。

❷ クリームチーズは小さくちぎり、すべての
  材料を耐熱容器に入れて軽く混ぜ、電子
  レンジ（600W）で4分加熱する。

❸ トマト、クリームチーズをつぶし溶かすよう
  にして、よく混ぜあわせる。

✳ 好みでレモンの輪切りを添え、ブラックペ
  ッパーをふる。

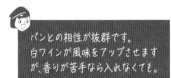

パンとの相性が抜群です。
白ワインが風味をアップさせます
が、香りが苦手なら入れなくても。

!?これもカレーに!?
豚角煮カレー

🍱 600w / **4**min.

豚ばらかたまり肉	150g
長ねぎの青い部分	1本分(50g)
酒	大さじ1
フライドオニオン	大さじ1
にんにく(すりおろし)	小さじ1
しょうが(すりおろし)	小さじ1
タクコMIX(p.10)	小さじ1
しょうゆ	小さじ2
砂糖	小さじ1/2

あればプラスしたいホールスパイス
・クローブ(1個) ・スターアニス(1個)

❶ 豚肉は1cmほどの厚切りにする。長ねぎは
5cm長さに切る。

❷ すべての材料を耐熱容器に入れて軽く混
ぜ、電子レンジ(600W)で4分加熱する。

❸ よく混ぜあわせる。

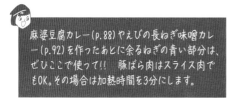

麻婆豆腐カレー(p.88)やえびの長ねぎ味噌カレ
ー(p.92)を作ったあとに余るねぎの青い部分は、
ぜひここで使って!! 豚ばら肉はスライス肉で
もOK。その場合は加熱時間を3分にします。

Part
4

✓ 新感覚レンチンスパイスカレー

テレビのお仕事で、旬の食材として提示されたごぼうとほたて。カレーにごぼう?と思いつつ、いっそふたつをまとめて使ってみよう!と生まれたレシピ。ごぼうとほたての旨味が生きる奇跡のコラボレーションになりました。ほたてによって塩けが異なるため、最後に味をみて好みの味に調節します。

ふたつの旨味が見事に融合

ほたてごぼう
カレー

600w / 3min.

ベビーほたて ‥‥‥‥‥‥‥‥‥‥ 100g
ごぼう‥‥‥‥‥‥‥‥‥‥‥ 1/2本（50g）
トマト（ざく切り）‥‥‥‥‥ 1/4個分（50g）
クリームチーズ ‥‥‥‥‥‥‥‥ 1個（18g）
バター ‥‥‥‥‥‥‥‥‥‥‥‥‥‥‥‥ 5g
フライドオニオン ‥‥‥‥‥‥‥‥‥大さじ1
にんにく（すりおろし）‥‥‥‥‥‥小さじ1
しょうが（すりおろし）‥‥‥‥‥‥小さじ1
タクコMIX（p.10）‥‥‥‥‥‥‥‥小さじ1

あればプラスしたいホールスパイス

・カルダモン（1個）

❶ ごぼうはごく薄くスライスする。
❷ クリームチーズは小さくちぎり、すべての
材料を耐熱容器に入れて軽く混ぜ、電子
レンジ（600W）で3分加熱する。
❸ トマト、クリームチーズをつぶし溶かすよう
にして、よくかき混ぜて、塩を適量（分量
外）加える。

❋ 好みで刻んだパクチーを添える。

ごぼうの薄切りは
なるべく薄く。ス
ライサーを使うの
がおすすめです。

ハワイだけど絹揚げ

ハワイアンカレー

🔲 600w / **3**min.

絹揚げ ··························· 1枚(150g)
カットパイナップル ············4切れ(50g)
トマト(ざく切り) ············ 1/4個分(50g)
ココナッツミルクパウダー············大さじ2
フライドオニオン ·····················大さじ1
にんにく(すりおろし) ··············小さじ1
しょうが(すりおろし) ··············小さじ1
タクコMIX(p.10)·····················小さじ1
ごま油·······························小さじ1
ナンプラー···························小さじ1

❶ 絹揚げは食べやすいサイズに切る。
❷ すべての材料を耐熱容器に入れて軽く混
　ぜ、電子レンジ(600W)で3分加熱する。
❸ 絹揚げをくずさないように、トマトをつぶし
　ながらよく混ぜあわせる。

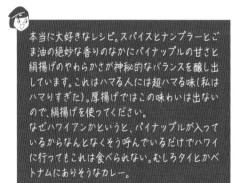

本当に大好きなレシピ。スパイスとナンプラーとご
ま油の絶妙な香りのなかにパイナップルの甘さと
絹揚げのやわらかさが神秘的なバランスを醸し出
しています。これはハマる人には超ハマる味(私は
ハマりすぎた)。厚揚げではこの味わいは出ない
ので、絹揚げを使ってください。
なぜハワイアンかというと、パイナップルが入って
いるからなんとなくそう呼んでいるだけでハワイ
に行ってもこれは食べられない。むしろタイとかベ
トナムにありそうなカレー。

レンジでスパイススイーツ

スイーツだってやっぱりレンチンで。
スパイスや砂糖の甘さはお好みで調節してください。

とろとろ ココナッツ プリン

ココナッツミルクパウダー⋯大さじ2
砂糖 ⋯⋯⋯⋯⋯⋯⋯⋯⋯大さじ1
卵 ⋯⋯⋯⋯⋯⋯⋯⋯⋯⋯ 1個
牛乳 ⋯⋯⋯⋯⋯⋯⋯⋯ 100㎖
スパイス（お好みで）
　カルダモンパウダー ⋯小さじ1/8
　シナモンパウダー ⋯⋯小さじ1/4

❶ 耐熱容器にココナッツミルクパウダー、砂糖、卵、スパイスを入れてよく混ぜてから、牛乳を加えて混ぜあわせる。
ココナッツミルクパウダーは塊のまま卵とあわせるとダマになることがあるので注意。

❷ ふたをして電子レンジ（600W）で2分〜2分30秒加熱する。2分をすぎたらよく中を見て、全体的にふくらんできたら止める。

❸ ふたをしたまま余熱で火をとおし、粗熱がとれたら冷蔵庫で4時間以上よく冷やす。十分に冷えてないと固まりません！

砂糖を黒糖にするとスリランカ風に。めっちゃおいしいです！

全体的にふくらんできたら止めます。

甘さひかえめの
チーズプリン

甘さひかえめなので、ジャム、はちみつ、チョコなどお好きなソースをかけてめしあがれ！

クリームチーズ	2個（36g）
卵	1個
砂糖	大さじ1
小麦粉	大さじ1
牛乳	100㎖

スパイス（お好みで）
コリアンダー …………… 小さじ1/4

❶ 耐熱容器にクリームチーズを入れ、電子レンジ（600W）で30秒加熱して溶かし、砂糖、コリアンダーを加えて混ぜあわせる。

❷ 卵を割り入れ、なめらかになるまでよく混ぜる。

❸ 牛乳を加えて混ぜ、小麦粉をふるいながら入れ、混ぜあわせる。

❹ ふたをして電子レンジ（600W）で2分〜2分30秒加熱する。2分をすぎたらよく中を見て、全体的にふくらんできたら止める。

❺ ふたをしたまま粗熱を取り、冷蔵庫に入れ4時間以上よく冷やす。

おしえてカリー子先生！

Q&A

Q 辛いのが苦手です

A タクコは辛くありません！ スパイス
のうちカレーの辛さを出すのは、チリ
ペッパーとブラックペッパー。タクコ
MIXに使う3種のスパイス(p.10)に
辛味はないので、安心して使ってく
ださい。

Q 激辛が好みです

A レンチンカレーに辛さを加えたいと
きは、チリペッパーを加えるのが第
一の方法。タクコMIXに加える方法
はp.12を参考にしてください。子ど
ものぶんは甘口になど、そのつど辛
さを加える場合は、ほかの材料と一
緒にチリペッパーをひとりぶん小さじ
1/4ほど加えると辛口になります。中
辛ならその半分程度。食べるときに
ブラックペッパーをふれば、異なる辛
味の掛けあわせを楽しめます。

辛さの好みは人それぞれ。あわせる
素材によっても辛味の利き方が異な
るので、チリペッパーとブラックペッ
パーを使いこなして、自分好みの辛
さを見つけてください。

Q にんにくが苦手です

A にんにく、しょうがのふたつは、カレ
ーの風味のために大事な食材。入れ
ないとなんとなく物足りない味になっ
てしまいます。でも苦手ならば減らし
たり入れなかったりしても、すごくま
ずくなるわけでもありません。そこは
好みで自由に増減してOK。

ただ、にんにくやしょうがを準主役的
に扱ったレシピ(ガーリックペッパー
ポーク(p.32)やドライジンジャーチ
キン(p.34))などは、これらをなくし
てしまうと物足りなさが際立ちます。
それでも自由にアレンジして、好み
の味を楽しんでください。

Q 大盛りが食べたい場合（2人分作る場合も？）、材料を増量してもいい？

A カレーに水を入れていないこの本のレシピなら、基本的に材料を2倍にしてつくれば2人分になります。その際、器を大きくすること、加熱時間は2倍前後を目安に調整してください。

Q トマトの熟れ具合で味が変わりませんか？

A 店先に並ぶトマトの熟れ具合はさまざま。その具合でもちろん味も変わります。熟れているほど甘味が増します。常に一定を求めるなら、トマトは缶詰やペーストを使うのもひとつの方法です。

Q トマトが1個200gない場合は、もう1個切って200gにしたほうがいい？

A これは、もう好みの問題。きっちり量って入れてもいいし、多少の前後は気にしなくてもいい。もし多少トマトが多かったり少なかったりしても、結局おいしくなるから大丈夫。スパイスカレーって懐が深いんです。一度はレシピどおりに作ってみて、あとは自由にアレンジするのもカレー作りの楽しみです。

Q トマト缶の水けはきりますか？

A きらなくていいです。たとえばトマト1個を使うレシピなら、一般的なトマト缶の容量は400gなので、汁ごと半分を使います。

Q ホールスパイスも食べるの？

A 食べてもいいし、食べなくてもいいです。わりと存在感があって食べやすいものではないので、あえて食べる必要はないでしょう。

Q ホールスパイスが全種類そろわなくても大丈夫？

A 全然OK！ 手元にあるものから使ってください。レシピでは、それぞれのカレーにぴったりのホールスパイスとその分量を紹介していますが、レシピにないホールスパイスを加えてみたって、それもまた自由です。ただパウダーで代用したい場合、ホールのまま使うスパイスは香りが強烈な

ものが多いので、分量には注意が必要です。もしパウダーで代用するなら、分量は耳かき一杯で十分と考えてください。

Q タクコMIXってどこで手に入るの?

A ごめんなさい。タクコMIXは自作が基本で、市販はされていません。レンチンカレーに手軽に使えるように考えたオリジナルミックスです。配合の仕方はp.10を参考に。スパイスが入手困難……という人には、オリジナルパック(p.11)もあるのでぜひ利用してください。

Q 水を一滴も入れないけれど大丈夫なの?

A この本のレンチンカレーでは、水を入れないことで短い加熱時間でも素材にまんべんなく火がとおるようになっています。素材から出る水分だけで十分。むしろ水で薄まらないので、素材の味が生きてきます。

Q 味がまだらになってしまいます

A 鍋で作るカレーと違い、加熱しながらかき混ぜる工程がないので、スパイスや塩、その他の調味料がかたよってしまうことがあります。加熱後のかき混ぜはしっかり、全体がまんべんなく混ざるようにしてください。

Q 鶏肉を豚肉に、など肉を変えてもいいですか?

A 基本的には、どんな肉に変えても大丈夫。「基本的」というのは、全レシピを全種の肉で作ってみたわけではないからですが、それでもおいしくなくなることはないと思います。
これに変えたらこんなにおいしかった。この場合はこうしたらいいよ!などのアレンジのアイデアを発見したら、ぜひSNSなどで教えてください。楽しみにしています。

Q 一番好きなのはどのカレーですか?

A これは悩ましい。全部好き、だからここで紹介している、すべて大好きなレシピです。はらぺこのとき、元気を出したいとき、疲れているとき、小腹が空いたとき、だるくて何もしたくな

いとき、いろいろな状況と、そのとき食べたいものや気分によって、その日のカレーを選んでいます。

Q レンジOKと書いてあるプラの容器でも作れますか?

A プラ系の容器の「レンジOK」は基本的にあたためを前提としたもの。レンチンカレーの調理に使うと変形などのおそれがあるので、耐熱ガラス容器の使用をおすすめします(p.14)

Q 肉に火がとおっていなかった。

A レンジのクセによりレシピどおりに加熱しても足りないことはあります。ひき肉やえびなど小さく火のとおりやすい素材なら、たいていかき混ぜているうちに余熱で火がとおりますが、かき混ぜてみて火がとおっていなかったら、20秒ごとを目安に再加熱してください。

また、冷凍肉はもちろん、チルドルームで半冷凍になっていたりすると、当然火のとおりは悪くなります。そうした条件も踏まえて加熱時間を調整してください。

Q 味がしない、味が足りない

A こうしたとき「何のスパイスを足せばいいですか?」と聞かれることがありますが、スパイスに味はありません。いくら足しても味は濃くならないし、スパイス臭が変に増してまずくなってしまうことも。味が物足りないときに加えるのは、塩です。

Q しょっぱくなってしまった

A このリカバリーは少し難しいのですが、味が大きく変わるのを承知で牛乳やココナッツミルクで伸ばしてマイルドにすることはできます。または一緒に食べるご飯の量を増やして、海苔の佃煮のようにご飯に対してカレーはちょっぴりという食べ方もアリです。納豆明太カレー(p.71)やえびの長ねぎ味噌カレー(p.92)などは、うちではふだんからこうした食べ方をしています。少しずつ食べれば長く楽しめてお得!?

また、この本のレシピでは粗塩を使っています。同じ量の精製塩だとしょっぱくなりすぎるので、少し減らしてみて好みの塩かげんを探してみてください。

おわりに

「………嘘でしょ………」

自分のことを天才だと思ったのは後にも先にもレンチンカレーを生み出した瞬間しかありません。

──大学から帰宅してヘトヘトになって何もしたくない、でも家でおいしいカレーを食べたい、そんな2020年暑い暑い夏の日の夜のこと。

サラダ用のフライドオニオン、使いかけのトマト缶、チューブのにんにく、しょうが、冷蔵庫に余っていたひき肉とにら、スパイスと塩を耐熱容器にぶちこんで電子レンジへ。
すべてカレーを構成する材料だから、もしかしたらスパイスカレーっぽいものができるかもしれないと思い3分後。

「………え、本物のカレーできちゃった!?!?!?」

衝撃でした。

たまねぎを炒めてないのに、トマトを炒めていないのに、レンチン3分でカレーができてしまったのです。

その日からレンチンカレーの魅力にハマり、毎晩のように試作を繰り返し、おいしいレンチンカレーやそのバリエーションを書きためていきました。そのなかから大好きなものだけを選び集めて形にしたものが本書になります。

前書『ひとりぶんのスパイスカレー』では皆様にフライパンひとつ＆タクコ（ターメリック・クミン・コリアンダー）で作る最も基本的なスパイスカレーの作り方から、グレイビーをストックすれば本格カレー作りも毎日手軽にできることをご紹介しました。

もちろんたまねぎとトマトをしっかり炒めることでコクや深みが出るので、グレイビーから作るカレーは本当においしく、本格的な味わいを楽しめます。（しかし、グレイビーがないときの不安さたるや！）

レンチンカレーはグレイビーがないとき、やる気がないとき、あなたの味方になってくれます。

レンチンカレーはグレイビーで作るカレーとはまた別の切り口でおいしく、斬新！　3分調理だけど間違いなくスパイスカレーで、ご飯を食べる手が止まりません。

今回は塩以外で味をつける新感覚な中華、洋風、ハワイアンなカレーも紹介しました。従来のカレーの概念を超えた新しいカレーを切り開くことができるのが「スパイスカレー」の魅力であり、おもしろさだと思っています。

あなたも本書にはない素材で斬新なレンチンカレーを生み出したら、TwitterでもInstagramでもかまいません、ぜひご報告くださいね。おいしいメッセージをお待ちしております。

著者プロフィール

撮影協力　UTUWA　TEL.03-6447-0070
　　　　　パール金属ハウスウェア事業部

本書で紹介したパイレックス容器の公式販売サイト

Amazon　　　　楽天市場　　　Yahoo!ショッピング

印度カリー子（いんど かりーこ）

1996年11月生まれ、宮城県仙台市出身。スパイス初心者のためのスパイス専門店 香林館(株)代表取締役。スパイス料理研究家。「ヒルナンデス！」「スッキリ」「マツコ会議」などTV出演多数。2021年3月東京大学大学院農業生命科学研究科修了。JAPAN MENSA会員。本書のほか『ひとりぶんのスパイスカレー』（小社刊）、『私でもスパイスカレーが作れました！』（こいしゆうあ共著・サンクチュアリ出版）など著書多数。
Twitter @IndoCurryKo
Instagram @indocurryko
印度カリー子のスパイスショップ

ひとりぶんの
レンチンスパイスカレー

2021年7月 1 日　初版第1刷発行
2021年9月10日　初版第4刷発行

著者　　　印度カリー子
発行人　　川崎深雪
発行所　　株式会社 山と溪谷社
　　　　　〒101-0051
　　　　　東京都千代田区神田神保町1丁目105番地
　　　　　https://www.yamakei.co.jp/

▪乱丁・落丁のお問合せ先
　山と溪谷社自動応答サービス TEL.03-6837-5018
　受付時間／10:00-12:00、13:00-17:30(土日、祝日を除く)
▪内容に関するお問合せ先
　山と溪谷社 TEL.03-6744-1900(代表)
▪書店・取次様からのご注文先
　山と溪谷社受注センター
　TEL.048-458-3455　FAX.048-421-0513
▪書店・取次様からのご注文以外のお問合せ先
　eigyo@yamakei.co.jp

印刷・製本　株式会社暁印刷

写真　　　　　　　　　新居明子
スタイリング　　　　　久保百合子
アートディレクション・デザイン・イラスト
　　　　　　　　　　　吉池康二(アトズ)
編集　　　　　　　　　たむらけいこ
　　　　　　　　　　　稲葉 豊(山と溪谷社)
調理アシスタント　　　彼女のカレー